Maternidad

RUNNING PRESS
PHILADELPHIA • LONDON

A Running Press Miniature Edition™

Impreso en China

Biblioteca del Congreso, Número de Publicación
Catalogada 96-69245

ISBN 0-7624-0044-7

Este libro puede ser pedido por correo de la casa editora.
Favor de agregar $1.00 para franqueo por cada copia.
Pero trate su liberia primero!

Running Press Book Publishers
125 South Twenty-second Street
Philadelphia, Pennsylvania 19103-4399

Introducción

Nos limpian las narices cuando tenemos tres años, nos secan las lagrimas cuando tenemos catorce y calman nuestras inquietudes cuando tenemos veinte. Pareciendo ser recurso interminable de consuelo y apoyo, las madres tienen la habilidad de comprendernos cuando nadie más puede. El vínculo inseparable entre madre e hijo comienza en el momento de concepción, creciendo y desarrollando a la vez que la madre y el hijo crecen y aprenden juntos.

Todas las mujeres, sean madres o no, representan el potencial de la vida humana. En estas citas, mujeres comparten sus pensamientos y experiencias. Cómicas, tiernas y cariñosas, las selecciones en este libro proveen conmovedoras perspicacias sobre los desafíos y recompensas de la maternidad.

. . . ES TODAVÍA

el riesgo más grande en el mundo. Es la gloriosa fuerza de vida. Es inmenso y asustadizo—es un acto de optimismo infinito.

GILDA RADNER (1946–1989)
Comediante Americana

COMIENZO A AMAR ESTA pequeña criatura y a anticipar su nacimiento como una nueva vuelta al nudo, el cual no quiero desatar.

MARY WOLLSTONECRAFT
(1759–1797)
Escritora Inglesa

NADIE LE HABÍA DICHO como sería, la manera en que amaba a sus hijos. Que cosa del cuerpo era, tan físicamente arraigada como el deseo sexual, pero sin el filo de peligro.

■

MARY GORDON (n. 1949)
Escritora Americana

RECUERDO SALIR DEL hospital. . . pensando "Espera, ¿me van a dejar sencillamente irme con él? ¡Yo no se nada de bebés! ¡No tengo licencia para hacer esto! Somos solamente principiantes."

■

ANNE TYLER (n. 1941)
Escritora Americana

LA VIDA ES EL PRIMER

regalo, amor el segundo y

comprensión el tercero.

■

MARGE PIERCY (n. 1934)
Escritora y Poetiza Americana

ME PARÉ EN EL
corredor del hospital la noche después que nació. A través de la ventana podía ver a todos los recién nacidos llorando y entre ellos dormía la que era mía. Allí me quedé por horas, llena de felicidad, hasta que la enfermera nocturna me ordenó a la cama.

■

LIV ULLMAN (b. 1939)
Actriz y escritora Noruega

AUNQUE PUEDES

pelear con un adulto, ¿cómo puedes pelear con un recién nacido que ha estirado sus pequeños brazos para que tú lo cargues?

■

MARIA VON TRAPP (1905–1987)
Entretenedora y Escritora
Austriaca

EL AMOR SE TORCIÓ de repente . . . dentro de ella, llevándola a extender su brazo dentro de la cuna y levantar el húmedo y respirante peso. . . . Los aromas de polvo de bebé y piel limpia y franela tibia mezclado con el fuerte olor de lanilla mojada.

■

ROSIE THOMAS
Escritora Inglesa del Siglo XX

LOS PADRES DE NIÑOS

pequeños deben darse

cuenta que pocas personas, y

a lo mejor nadie, encontrarán

a sus hijos tan encantadores

como ellos creen.

■

BARBARA WALTERS (n. 1931)
Periodista Americana

VERDADERAMENTE

recuerdo sentir deleite a las dos de la madrugada, cuando el bebé se despertaba para su alimento, porque tanto añoraba verlo otra vez.

MARGARET DRABBLE (n. 1939)
Escritora Inglesa

. . . ¿QUIÉN RECIBE

más placer de este arrullar,

el bebé o yo?

NANCY THAYER (n. 1943)
Escritora Americana

EN LA PROTEGIDA
sencillez de los primeros días
luego que ha nacido, un bebé
uno ve otra vez el mágico
círculo cerrado, el milagroso
sentido de dos personas
que existen solamente
el uno para el otro.

■

ANNE MORROW LINDBERGH
(n. 1906)
Escritora Americana

EL BEBÉ AL SENO

es tanto placer como

llevarlo es dolor.

MARION ZIMMER BRADLEY
(n. 1930)
Escritora Americana

CUANDO UN NIÑO

entra al mundo a través de ti,

lo altera todo a nivel psíquico,

psicológico y puramente

práctico.

■

JANE FONDA (n. 1937)
Actriz Americana

CUANDO TIENES UN bebé, creas una explosión en tu matrimonio y cuando el polvo se asienta, tu matrimonio es diferente de lo que antes era. No necesariamente mejor; no necesariamente peor; pero diferente.

■

NORA EPHRON (n. 1941)
Escritora Americana

SI UN NIÑO VA A mantener su innato sentido de asombro, necesita la compañía de por lo menos un adulto con quien compartirdo, volviendo a descubrir la alegría, la emoción y el misterio del mundo en que vivimos.

■

RACHEL CARSON (1907–1964)
Bióloga Americana

YO VEÍA LA CRIANZA de un niño, no solamente como un trabajo de amor y deber, si no como una profesión, tan interesante y desafiante como cualquier profesión honorable en el mundo, una que demandaba lo mejor de mi.

■

ROSE KENNEDY (1890–1995)
Madre Americana

LOS PASEOS Y conversaciones que tenemos con nuestros hijos de dos años de edad en sus botas rojas tienen mucho que ver con los valores que apreciarán como adultos.

EDITH F. HUNTER (n. 1919)
Escritora Americana

EL CONDENADO problema con limpiar la casa es que se ensucia al día siguiente de todas maneras, así que déjalo por una semana si necesitas. Los niños son lo más importante.

■

BARBARA BUSH (n. 1925)
Primera Dama de los
Estados Unidos

LOS OSITOS NO

deben sentarse en armarios

cuando hay un niño cerca

que puede amarlos.

JANET DAILEY (n. 1944)
Escritora Americana

¿PARECE IMPOSIBLE QUE el niño crecerá? ¿Que la sonrisa tímida se convertirá en una expresión valiente? ¿Que un maletín reemplazará la friza azul que ofrece seguridad?

■

ANNE BEATTIE (n. 1947)
Escritora Americana

VERTE DURMIENDO tranquilamente sobre tu espalda, entre tus patos, osos y perros de tela, me recordaba que no importaba cuan maravilloso sería el próximo día, porque ciertos momentos se habían ido para siempre.

JOAN BAEZ (n. 1941)
Cantante Americana

AMO SER UNA MADRE . . .

Soy más consciente. Siento las cosas a un nivel más profundo. Tengo un cierto conocimiento sobre mi cuerpo, sobre ser una mujer.

SHELLEY LONG (n. 1949)
Actriz Americana

UNA MUJER

que puede soportar los

"desastrosos dos" puede

soportar cualquier cosa.

■

JUDITH CLABES
Editora Americana del Siglo XX

LA VERDAD, LA CUAL

es importante al erudito,

tiene que ser concreta. Y nada

es más concreto que tratar

con bebés, erutos y

biberones, sapos y lodo.

■

JEAN J. KIRKPATRICK (n.1926)
Diplomática Americana

TENGO MÁS HIJOS

de los que puedo cuidar,

pero no tengo más de los

que puedo amar.

■

OSSIE GUFFY (n. 1931)
Escritora Americana

NIÑOS PEQUEÑOS

son todavía el símbolo del

matrimonio eterno entre

el amor y el deber.

GEORGE ELIOT [Mary Ann Evans]
(1819–1880)
Escritora Inglesa

VI AMOR PURO CUANDO

mi hijo me miró y supe que

yo tendría que hacer una

buena vida para nosotros dos.

■

SUZANNE SOMERS (n. 1950)
Actriz Americana

AMAR UN NIÑO

no significa concederle todos

sus caprichos; amarlo es

sacarle lo mejor de si mismo,

enseñarle a amar lo

que es difícil.

■

NADIA BOULANGER (1887–1979)
Música y Maestra Francesa

NO EXISTE UNA

influencia tan poderosa como

la de una madre.

SARAH JOSEPHA HALE
(1788–1879)
Pionera y Escritora Americana

CUANDO ERES
una madre, nunca estás verdaderamente sola en tus pensamientos. Estás conectada con tu hijo y con todos aquellos que son parte de sus vidas. Una madre siempre tiene que pensar dos veces, una vez por ella misma y una vez por su hijo.

■

SOPHIA LOREN (n. 1934)
Actriz Italiana

TODO LA TIERRA, aunque esté llena de corazones bondadosos, es nada más una desolación, un lugar desierto, para una madre cuando su único hijo está ausente.

ELIZABETH GASKELL
(1810–1865)
Escritora Inglesa

SER UNA MADRE,
basado en lo que he aprendido, es un proceso de desarrollo constante para la adaptación a las necesidades de tu hijo mientras que tú cambias y te desarrollas para tí misma.

■

DEBORAH INSEL (n. 1949)
Escritora Americana

. . . HAY MUCHO MÁS

en ser una mujer que ser una

madre, pero hay mucho más

en ser una madre de los que

la mayoría de la gente

se sospecha.

ROSEANNE (n. 1952)
Comediante y Actriz Americana

EL AMAR EL TIERNO

corazón nunca se ha escapado, como en el seno de su madre el recién nacido tira su cara sollozante, y allí en sueño olvida su aflicción.

■

MARY TIGHE (1772–1810)
Poetiza Irlandesa

¿QUÉ HACEN LAS NIÑAS

que no tienen madres

quienes las ayuden con

sus problemas?

LOUISA MAY ALCOTT (1832–1888)
Escritora Americana

MAMI MISMA NOS ha dicho que nos veía más como sus amigas que sus hijas. Ahora, eso está muy bien, pero así áun una amiga no puede tomar el lugar de una madre. Necesito a mi madre como un ejemplo que puedo seguir. Quiero poder respetarla.

■

ANNE FRANK (1929–1945)
Escritora Alemana

LA MADRE ES EL MEDIO

a través del cual el infante

primitivo se transforma en un

ser humano civilizado.

■

BEATA RANK (1896–1967)
Psicóloga Americana

HABLARLE A UN NIÑO,

fascinarlo, es mucho más

difícil que ganar una

campaña electoral. Pero

es más remunerador.

■

COLETTE (1873–1954)
Escritora Francesa

CUALQUIER MADRE

podría llevar a cabo los

trabajos de varios directores

de trafico aéreo con facilidad.

■

LISA ALTHER (n. 1944)
Escritora Americana

NUNCA, DURANTE UN día lluvioso, le preguntes a tu niño que quiere hacer, porque te aseguro que lo que él quiere hacer, tu no quieres ver.

FRAN LEBOWITZ (n. 1950)
Escritora Americana

LA REAL AMENAZA

en tratar con un niño de

cinco años es que

rápidamente verás que tú

empezarás a sonar como

un niño de cinco años.

■

JEAN KERR (n. 1923)
Dramaturga Americana

VA SIN MENCIONAR

que nunca debes tener

más hijos que ventanas

en tu carro.

■

ERMA BOMBECK (1927–1996)
Escritora Americana

LA MEJOR MANERA DE mantener a los niños en la casa es hacer que el hogar tenga una atmósfera placentera—y dejar el aire salir de las llantas.

DOROTHY PARKER (1893–1967)
Escritora Americana

TIENES UN HIJO

maravilloso. Entonces,

cuando cumple trece años,

duendecillos se lo llevan

y en su lugar dejan a un

extraño que no te da ni

un momento de paz.

■

JILL EIKENBERRY
Actriz Americana del Sigio XX

NO HAY NADA MÁS

emocionante en el mundo,

yo creo, que tener un hijo

que es tuyo, que a la misma

vez es misteriosamente

un extraño.

■

AGATHA CHRISTIE (1890–1976)
Escritora Inglesa

LA LUZ DE OTRO

nunca te alumbrará si no

tienes luz propia.

FERNÁN DE ROJAS (1465–1541)
Escritor Español

CADA NIÑO ES UN

artista. El problema viene

en seguir siendo un artista

al convertirse en adulto.

PABLO RUIZ PICASSO
(1881–1973)
Artista Español

LA NIÑEZ ES UN SUEÑO, sus alegres años vuelan para nunca volver; el que sabe aprovecharlos, grabando en sus memorias máximas morales, y adquiriendo y practicando sus virtudes, labra la base de una felicidad que es eternamente duradera.

ANÓNIMO

APRENDÍ MUCHO

más sobre los hombres al

tener un hijo varón.

■

BARBRA STREISAND (n. 1942)
Cantante y Actriz Americana

SI QUIERES UN BEBÉ,

ten uno nuevo. No trates al

mayor como un bebé.

■

JESSAMYN WEST (1907–1984)
Escritora Americana

¿SE SUPONE QUE LAS

mujeres lo hagan todo—

trabajar *y* tener hijos?

CANDICE BERGEN (n. 1946)
Actriz Americana

CREO QUE ESTAMOS viendo en madres que trabajan un cambio de "Gracias a Dios que es viernes" a "Gracias a Dios que es lunes." Si alguna madre que trabaja no ha experimentado este sentimiento, sus hijos no son adolescentes.

■

ANN DIEHL
Administradora Universitaria
Americana del Siglo XX

UNA CARRERA EXITOSA no significa nada sin una vida personal. Por eso, los niños siempre estuvieron conmigo.

JANET LEIGH (n. 1927)
Actriz Americana

UNA DE MIS HIJAS escribió en una obra de tercer grado como su madre pasaba el tiempo . . . "media parte en casa, media parte en cosas externas y media parte escribiendo."

CHARLOTTE MONTGOMERY
Escritora Americana del Siglo XX

MY EVOLUCIÓN HACIA

ser una política se desarrolló,

no en oposición a mi rol

de madre, si no como una

extensión de ello.

■

MADELEINE KUNIN (n. 1933)
Política Americana

LA MADRE ES LA posesión más preciosa de la nación, tan preciosa que la sociedad avanza su más alto bienestar cuando proteje las funciones de la madre.

ELLEN KEY (1849–1926)
Escritora Sueca

EL SER MUJER ES

bastante Nobleza, y que no es

honrado Que nos las honra.

■

LOPE DE VEGA (1562–1635)
Poeta y Dramaturgo Español

CUANDO LA GENTE ME pregunta que soy, siempre digo que soy madre primero. Tus hijos representan tus pensamientos. Tus hijos son una declaración.

■

JACQUELINE JACKSON (n. 1944)
Activista Americana

TUS HIJOS SIEMPRE

son tus "bebés," aunque

tengan cabello gris.

JANET LEIGH (n. 1927)
Actriz American

NUESTROS HIJOS NO SON solamente "nuestros hijos"— serán los esposos y esposas de otras personas y los padres de nuestros nietos.

MARY S. CALDERONE (n. 1904)
Doctora y Escritora Americana

SEGURAMENTE

los niños lograrán ser lo

que tu crees de ellos.

■

LADY BIRD JOHNSON (n. 1912)
Primera Dama de los
Estados Unidos

CUANDO DEJÉ DE VER

a mi madre con los ojos de

una niña, vi a la mujer que me

ayudó a dar a luz a mí misma.

■

NANCY FRIDAY (n. 1937)
Escritora Americana

MI PRIMER TRABAJO

es ser una buena madre.

FAYE DUNAWAY (n. 1941)
Actriz Americana

HAY TANTO QUE

enseñar y el tiempo pasa

tan rápidamente.

■

ERMA BOMBECK (1927–1996)
Escritora Americana

SI TIENES QUE DARLE lecciones a tu hijo, mándalo a escuela de conductor. Es más probable que será dueño de un Datsun que de un Stradivarius.

■

FRAN LEBOWITZ (n. 1950)
Escritora Americana

CASI TODAS LAS MADRES

son filósofas por instinto.

■

HARRIET BEECHER STOWE
(1811–1896)
Escritora Americana

ES LA ESTIMACIÓN

para las perfecciones, lo que

el favonio para flores,

aliento y vida.

■

BALTASAR GRACIAN (1601–1658)
Escritor Satírico Español

LA MANERA MÁS RÁPIDA

que un padre puede obtener

la atención de un hijo es

sentarse y parecer cómodo.

LANE OLINHOUSE
Escritor Americano del Siglo XX

RÍETE

y crece fuerte.

SAN IGNACIO DE LOYOLA
(1491–1556)
Religioso Español

LIMPIAR TU CASA

mientras que tus hijos están

aún creciendo es como

excavar la acera antes

que deje de nevar.

PHYLLIS DILLER (n. 1917)
Comediante Americana

CUANDO TRABAJAS CON adultos, estás trabajando con personas que son usualmente racionales y hacen un esfuerzo por llevar algún tipo de itinerario. Cuando tienes un niño, exactamente lo opuesto ocurre: todo es sin hora, caótico.

■

WENDY SCHUMAN
Editora Americana del Siglo XX

LO ESENCIAL SOBRE
madres—uno tiene
que saber que están ahi,
particularmente en la edad
cuando, paradójicamente,
uno está tratando de
desprenderse de la
influencia maternal.

■

MARGOT FONTEYN (n. 1919)
Bailarina Inglesa

MI MADRE QUERÍA QUE yo fuera sus alas, para que volara como ella nunca tuvo el valor de hacer. Yo la amo por eso. Amo que ella quería dar a luz a sus propias alas.

■

ERICA JONG (n. 1942)
Poetiza y Escritora Americana

LAS MUJERES COMO

guardianas de niños

poseen un gran poder.

Son las moldeadoras de las

personalidades de sus hijos y

las árbitras de su desarrollo.

■

ANN OAKLEY (n. 1944)
Socióloga Inglesa

UNA MADRE NO ES

una persona de quien

recostarse, es la persona

que hace el recostarse

innecesario.

■

DOROTHY CANFIELD FISHER
(1879–1958)
Escritora Americana

UNA MADRE NO ES ingreída, ni orgullosa, porque ella sabe que el director de la escuela puede llamar en cualquier momento para reportar que su hijo ha conducido una motocicleta a través del gimnasio.

■

MARY KAY BLAKELY (n. 1957)
Escritora Americana

EXISTE UN PUNTO

en el cual no es tanto madre e

hija, sino adultas y amigas.

JAMIE LEE CURTIS (n. 1959)
Actriz Americana

¡LA VIDA ES COMO UNA

pieza teatral; no importa

cuanto haya durado sino cuan

bien haya sido representadaí!

■

MARCO ANNEO SÉNECA

(55 A.C.–39 A.C.)

Escritor Hispano-latino

ME GUSTARÍA SI ELLOS

fueran el final feliz de

mi historia.

MARGARET ATWOOD (n. 1939)
Escritora Canadiense

MY ÚNICO CONSEJO

es que seas consciente, que

escuches cuidadosamente y

que pidas ayuda si la necesitas.

■

JUDY BLUME (n. 1938)
Escritora Americana

SE HABRÁ IDO ANTES

que lo sepas. Las huellas digitales aparecen cada vez más altas en la pared. Luego, de repente desaparecen.

DOROTHY EVSLIN (n. 1923)
Escritora Americana

PARA MI, LA MATERNIDAD ha sido el único romance verdadero, especial y enteramente exitoso. Es el único amor que he conocido que es expansivo y que puede haberse estirado para contener con igual pasión más de un objeto. . . .

IRMA KURTZ (n. 1935)
Escritora Americana

YO NO FUI UNA MADRE tradicional. Pero mis hijos nunca fueron escamoteados a un colegio internado. Pues, no preparé dulces. Uno puede comprar dulces, pero uno no puede comprar amor.

■

RAQUEL WELCH (n. 1940)
Actriz Americana

LA PRESIDENCIA

es temporera—pero la

familia es permanente.

YVONNE DE GAULLE (n. 1900)
Primera Dama de Francia

AMAR A UN NIÑO

es un negocio circular. . .

mientras más das, más

recibes, mientras más

recibes, más quieres dar.

PENELOPE LEACH (n. 1937)
Escritora Americana

Cubierta del Frente: Mary Cassat, *Mother and Child*. Colleciún privada. Giraudon/Art Resource, New York.

Cubierta Trasera: Auguste Renoir, *Gabrielle and Jean*. Paris, Orangerie. Art Resource, New York.

Berthe Morisot, *The Cradle*, 1872. Paris, Musée d' Orsay. Scala/Art Resource, New York.

Edouard Vuillard. *Public Gardens* (detalle). Paris, Musée d' Orsay. Giraudon/Art Resource, New York. © 1997 Artists Rights Society (ARS), New York/ ADAGP, Paris.

Alfred Roll, *The Nurse* (detalle). Lille, Musée des Beaux Arts. Giraudon/Art Resource, New York.

Berthe Morisot, French, 1841–1895. *On the Balcony*, watercolor encima de boceto del l. piz en papel blanco, 1872. 20.6 x 17.5 cm., Regalo de la Sra. Charles Netcher en memoria de Charles Netcher II, 1933.1 © 1990 The Art Institue of Chicago. Todos los derechos reservados.

Auguste Renoir, *Gabrielle and Jean*. Paris, Orangerie. Art Resource, New York.

Gary Melchers, *Mother and Child*, c. 1906, aceite en lona. 63.6 x 54.4 cm., Regalo de James Deering, 1925.704 © 1989 The Art Insitute of Chicago. Todos los derechos reservados.

Camille Pissarro, French, 1830–1903. *Woman and Child at the Well*, aceite en lona, 1882, 81.5 x 66.4 cm., Potter Palmer Collection, 1922.436 © 1900 The Art Institue of Chicago. Todos los derechos reservados.

James Shannon. *The Flower Girl*, 1990.
London, Tale Gallery. Tate/Art Resource,
New York.

Mary Cassatt, American, 1844–1926.
Mother and Child. pastel en papel, 1888.
8.3 x 73. 6 cm. Potter Palmer Collection,
1922.421 © 1990 The Art Instiute of Chicago.
Todos los derechos reservados.

Henri Charles Manguin, *Path at St. Tropez*
(detalle). Leningrad. The Hermitage.
Scala/Art Resource, New York. © 1997
Artists Rights Society (ARS), New
York/SPADEM, Paris.

Pierre Bonnard. *Meditterranean Triptych*,
(detalle). 1911. Leningrad, The Hermitage.
Scala/Art Resource, New York. © 1997
Artists Rights Society (ARS), New
York/ADAGP, Paris.

Mary Cassatt, *Mother and Child*. Private Collection. Giraudon/Art Resource, New York.

Berthe Morisot, *In the Park* (detalle), 1874. Paris, Musée du Petit Palais. Giraudon/Art Resource, New York.

Paul Gauguin, *Tahitian Woman with Children*, 1901, aceite en lona, 97.2 x 74.3 cm., Helen Birch Barlett Memorial Collection, 1927. 460 © 1988 The Art Institute of Chicago. Todos los derechos reservados.

Arthur Hughes, *A Birthday Picnic* (detalle). New York, Forbes Magazine collection. Bridgeman/Art Resource, New York.

Joaquim Sorolla y Bastida. *Bath on the Beach* (detalle). 1908. Madrid, Academy of San Fernando. Giraudon/Art Resource, New York.

Este libro ha sido encuadernado usando métodos de mano de obra, y cocido con el método Smyth para asegurar durabilidad.

La chaqueta de polvo fue diseñada por Toby Schmidt.

El interior fue diseñada por Judith Barbour Osbourne.

El investigador de las ilustraciones fue Gillian Speeth y Susan Oyama.

Traducido por Davelba Sanchez Duska.

El texto fue revisado Jill Ward y Tara Ann McFadden.

El texto fue fijado en Novarese.